AF232654

BRACHYGRAPHIE.

BRACHYGRAPHIE,

ART D'ÉCRIRE

PAR ABRÉVIATION,

SANS AUCUN NOUVEAU SIGNE ;

Par P. R. E. L. anc. dom^ste.

Nostra leges quisquis fueris brevitatis amator.
(*Mich. Verinus.*)

CAEN,

CHEZ CHALOPIN FILS, IMPRIMEUR-LIBRAIRE.

1825.

AVANT-PROPOS.

Nous ne manquons pas de méthodes de prompte-écriture ; depuis 1792 , il en a paru douze ou quinze sous les noms de Tachygraphie , Sténographie , Typographie , Okygraphie , Echographie , Notographie , Graphodromie , etc. ; et quelques-unes permettent de fixer par écrit les paroles d'un orateur.

Ce serait donc porter , comme on le disait autrefois , des figues dans l'Attique , que de proposer une nouvelle Tachéographie , après tant d'autres traités de ce genre. Aussi la méthode que nous publions n'est-elle point l'art d'écrire avec autant de rapidité que l'on parle , art utile sans doute , et qui de temps en temps , reproduit des chef-d'œuvres d'éloquence , mais qu'on n'a pas tous les jours, ni en tous lieux , l'heureuse occasion de mettre en pratique : la Brachygraphie est tout simplement un moyen *d'écrire par abréviations , avec les seuls caractères de l'écriture usuelle.*

Ce mode abrégé conviendrait particulièrement aux personnes qui ont beaucoup à écrire, mais que *l'étrangeté* des signes adoptés par les différents tachéographes, et l'effrayante tâche d'apprendre et de retenir tant de nouveaux éléments, ont détourné de l'étude de l'art Tyronien, et fait renoncer, non sans regret, à un moyen efficace d'abréger leurs travaux.

Peut-être aussi la force de l'habitude qui a tant de pouvoir pour conserver les choses même que l'on blâme, est-elle entrée pour beaucoup dans cette résolution. S'il en est ainsi, nous aurons au moins le mérite d'avoir caressé ce faible de l'esprit humain, en ne proposant à nos lecteurs l'étude d'aucun signe qui ne leur soit très-familier.

Le besoin d'une écriture rapide se fait si vivement sentir que beaucoup d'hommes de lettres ont eu recours à des abréviations et se sont fait des écritures particulières qu'après eux personne n'a pu déchiffrer ; c'est ainsi que des écrits souvent utiles sont demeurés dans un profond oubli : la publication d'une méthode, conçue dans les mêmes vues que la nôtre, eût prévenu cet inconvénient.

Fondé sur un choix de signes qu'on nous a fait connaître à tous dès l'enfance, et dont sont composés les centaines de volumes que la presse fait tous les jours éclore, notre système d'abréviations permet d'écrire lisiblement en une heure ce qui en exigerait près de trois par le procédé ordinaire.

Ce mode offrira par conséquent entr'autres avantages (1), une ressource précieuse à ceux qui ont beaucoup à extraire ; il se prêtera à la correspondance la plus étendue ; et , en favorisant les élans du génie , facilitera les moyens d'en conserver les productions qu'il aura servi à fixer d'une manière aussi simple qu'expéditive et intelligible.

(1) 1°. La Brachygraphie mettrait l'art Thypographique à portée de réduire à un seul volume tel ouvrage qui en remplit trois par le mode actuel, et à une époque où les livres augmentent de prix tous les jours., cette considération n'est peut-être pas à dédaigner.

2°. En faisant l'application des principes de cette méthode aux différentes Tachéographies qui conservent les voyelles , on parviendrait incontestablement à suivre un orateur : il y aurait, par exemple, peu de changements à faire à la Tachygraphie de M. Coulon-Thévenot pour lui faire acquérir cet avantage.

BRACHYGRAPHIE,

ART D'ÉCRIRE

PAR ABRÉVIATION,

SANS AUCUN NOUVEAU SIGNE.

———

§ Ier.

Des voyelles , autres que l'e muet.

LE changement le plus ordinaire qu'éprouve un mot en passant d'une langue à une autre est celui qui a rapport aux voyelles dont ce mot est composé ; l'usage, à cet égard, n'en a jamais respecté aucune (1). La voyelle *o*, par exemple, a été remplacée par presque toutes les

____

(1). Courts de Gebelin , histoire naturelle de la parole , ou grammaire universelle , etc. ; Paris 1816 , in 8°.

les autres ; de *cor* on a fait cœur et *cuore* ; de *fervor*, ferv*eur* ; de *corpus*, c*ue*rpo ; de *corium*, c*uir* ; de *frontis*, frente ; de *horæ*, heure ; d'*oblivio*, oubli ; d'*octo*, huit, autrefois huict, etc. (Voyez la note 1.) Tous les dérivés d'un mot n'ont pas même conservé la voyelle du primitif : de *firmus* sont venus ferme et infir-me ; de *pater*, père et paternel ; de *sanctus*, saint et sanctifier.

Les étymologistes ont donc avancé avec raison que les voyelles étaient à peu près indifférentes et qu'on aurait tort de s'y arrêter pour connaître les rapports des mots.

Si l'on fait attention aux différentes combinaisons de lettres par lesquelles nous cherchons à peindre dans beaucoup de mots français le son propre à chacune des voyelles orales ou nazales, on reconnaîtra de plus en plus que ces voyelles ont bien peu de fixité dans notre langue. Pour ne parler que des deux premières *a* et *an*, par combien d'assemblages divers ne représentons-nous pas ces deux sons ? 1°. Par *a*, *em*, *en*, dans famille, femme, *en*ivrer ; 2°. par *an*, *am*, *en*, *em*, *aen*, *ean*, *aon*, etc. ; dans les mots *an*cêtres, *am*bassade, *en*fer, *em*barras, Caen, Jean, paon, etc. (*Voyez note* 2.)

Chez presque aucun des peuples de l'Europe, la manière de proférer les sons *a, e, i, o, u,* n'est la même. Dans la langue anglaise particulièrement il n'y a aucune règle fixe sur la prononciation de ces voyelles; on pourrait dire avec raison qu'elles y figurent toujours inutilement, puisque le son qu'on doit leur donner varie à raison des lettres qui les avoisinent. Souvent même, comme nous, les Anglais prononcent tout différemment une voyelle répétée dans le même mot.

Les langues orientales aussi s'écrivent tout autrement qu'on ne les parle; la moitié des mots au plus y est exprimée : les voyelles brèves qui jouent le plus grand rôle dans la prononciation, qui en sont la partie intégrante, sont supprimées ou sous-entendues. Il n'y a d'exception à cet égard que pour les livres sacrés où ces voyelles sont tracées en seconde ligne au-dessus et au-dessous des consonnes qui, avec les quatre voyelles longues, servent seules à la peinture de ces langues.

Les consonnes sont en effet la base de toute écriture; et puisque pour les proférer, il faut nécessairement qu'elles soient précédées ou suivies d'un son vocal pur ou voyelle, *bé, pé, ef, er, de, te,* elles doivent être considérées

comme de vraies syllabes, c'est-à-dire comme
un composé de deux éléments, ainsi que l'exprime leur nom *consonans, sonnant avec
un autre* (1).

Ces différentes considérations nous ont dé-
terminé à établir pour base principale d'une
prompte écriture la suppression des voyelles
dans tous les cas où elles peuvent se suppléer
par l'ensemble des mots et des phrases.

Toutes les voyelles médiantes seront donc
omises en Brachygraphie. L'adjectif *matinal*
par exemple, composé de sept lettres, sera réduit aux seules consonnes et devra être écri
ainsi : *mtnl.*

Nous supprimons également les voyelles qu
commencent ou terminent les mots ; mais elle
seront remplacées par un signe fort simple, plu
promptement tracé, et qui même en indiquer
le nombre. Ce signe, que par cette raison nou
appellons *numéral*, est le point diversemen
placé.

1°. Le point ascendant qui se trace ainsi ·
tiendra lieu d'une voyelle quelconque, soit initiale
soit finale, autre toutefois que l'*e* muet qui au
un signe particulier.

(1) Volney, simplification des langues orientales ; Paris ,
III , in-8°.

2°. Les deux points allignés ainsi ··, ou, (si quelqu'autre lettre ou signe doivent suivre) superposés comme dans le comma de cette manière (:) remplaceront deux voyelles, tant au commencement qu'à la fin des mots.

3°. Trois points disposés en triangle ·.· et auxquels on pourra substituer cet autre signe Λ (espèce de V renversé) annonceront toujours, dans les mêmes cas, la suppression de trois voyelles.

4°. Enfin, le signe algébrique *plus* +, que nous adoptons de préférence aux quatre points :: servira au besoin à l'expression des quatre voyelles qui commenceraient ou termineraient un mot.

Différents exemples rendront plus sensibles ces explications :

Voyelles initiales.		*Voyelles finales.*
une :prtf,	apéritif·	dcd·, décida.
voyel- ·vntl,	éventuel.	rlv·, relevé.
le. ·btmprr,	obtempérer.	mmnt· mémento.
deux. ··dr,	aider.	bl··, balai.
··sf,	oisif.	pr··, paroi.
··blr,	oublier.	bj··, bijou.
trois. ·.·tr,	ouater.	dn.·., dénoua.
·.·r,	ouïr.	rj.·., réjoui,

Voyelles initiales et finales.

1.	·m·	ami.
2.	··jrd'h··	aujourd'hui.
2 et 3.	··s··	oiseau.
3 et 2.	···r··	aourou.

En résumé.

art,	·rt.	la,	l·
aigrelet,	··grlt.	lui,	l··
août,	···.t.	lieu,	l···
ouais,	─┼ s.	lieue,	l┼(1).

§ II.

De l'e muet.

L'*e* muet termine un grand nombre de mots
français, soit après une ou plusieurs voyelles,
comme l*ie*, all*oue*, banl*ieue*, soit à la suite
d'une ou de plusieurs consonnes; exemp. : va*se*,
mas*se*, fa*ste*, désa*stre*.

Le signe que nous destinons à la représenta-
tion de l'*e* muet est le zéro, qui rappellera le

____

(1) Voir le troisième alinéa ci-après.

son presque nul de cette voyelle et qu'on tracera un peu au-dessus de la ligne d'écriture, ainsi °.

A la fin des mots où l'*e* muet est précédé d'une ou de plusieurs voyelles, ce zéro s'adjoindra aux points qui les remplacent. Voici des exemples de ces mots en parallèle avec d'autres où l'*e* muet ne figure point :

ni, n· — nie, n·°
soi, s·· — soie, s:°
lieu, l.·. — lieue, l+ sans le zéro, attendu qu'il n'y a pas de mots terminés par plus de trois voyelles dont *e* muet ne soit la dernière, et qu'en ce cas, il suffit du signe *plus* + pour annoncer que le nombre des voyelles omises est de quatre.

Lorsque l'*e* muet final est précédé d'une ou plusieurs consonnes, le zéro qui le représente se mettra à la suite de la dernière : exemple et parallèle :

plomb, plmb.   plombe, plmb°.
bond, bnd.   bonde, bnd°.
moral, mrl.   morale, mrl°.
loup, lp.   loupe, lp°.
mer, mr.   mère, mr°.
dans, dns.   danse, dns°.
mépris, mprs.   méprise, mprs°.

port,	prt.	porte,	prt°.
gaz,	gz.	gaze,	gz°.
auteur,	··tr.	autre,	··tr°.
défendeur,	dfndr.	défendre,	dfndr°.

Cette règle cependant admet quelques exceptions fondées sur les considérations suivantes :

1°. Il n'existe dans la langue aucun mot dont la dernière consonne , non suivie de l'*e* muet , soit *j* , *v* (1) , *gn* , *ill* (*l* mouillé).

2°. Nous n'avons que le seul mot *almanach,* d'origine arabe , dont la finale soit *ch* , sans *e* muet.

3°. Deux mots seulement sont terminés en *q* : *cinq* et *coq*.

4°. Le *z* seul n'est la finale que de cinq mots, abstraction faite de la deuxième personne plurièle de presque tous les temps des verbes ; ces mots sont : *assez* , *gaz* , *nez* , *riz* et *sonnez*.

5°. Enfin le nombre des désinences en *g* ,

(1) Les deux ramistes *j* , *v* , sont d'invention assez moderne ; on les représentait autrefois par *i* et *u*; c'est à Pierre Ramus , né dans le Vermandois en 1572 , qu'on doit la distinction du *j* et du *v* consonnes de l'*i* et de l'*u* voyelles : Gilles Beys est le premier imprimeur qui ait fait usage de ces consonnes dans le commentaire de Mignault sur les épitres d'Horace , qu'il publia à Paris en 1584.

sans adjonction de *ue*, se borne à treize mots qui sont :

arrang.
bourg.
étang.
faubourg.
hareng.
joug.
long.

ourang-outang.
poing.
rang.
sang.
seing.
vieux-oing.

D'après un tel ordre de choses, on pourra se dispenser d'écrire le signe de l'*e* muet à la fin de tous les mots terminés en *ve*, *gne*, *ille* (comme dans pa*ille*, abe*ille*, etc.), en *che*, *que*, *gue*, *ze* ; et il ne résultera de cette omission, dont une fois pour toutes on conviendrait, aucune incertitude sur l'orthographe des mots ainsi terminés. Aucun mot en effet ne finit en *av*, *ev*, *iv*, etc. , en *agn*, *ègn*, *ign*, etc. , en *aill*, *eill*, *ill*, etc. — La finale *ch* ne peut se rapporter qu'au seul mot *almanach*. — Et comme nous venons de rappeler exprès l'orthographe du petit nombre de mots terminés en *q*, *g* et *z*, l'équivoque ne subsistera plus que pour les mots *harangue*, *coque* et *gaze*, auxquels il sera nécessaire de conserver le zéro, pour les différencier de ceux-ci : *hareng*, *coq* et *gaz*.

Ce ° devient également inutile à la fin des mots terminés en *ne* et *me*, parce que nous allons consacrer des signes spéciaux à l'expression des voyelles nazales *an*, *en*, *ean*, etc. *am*, *em*, etc. ; et que par conséquent tous les mots terminés par *n* et *m*, dans cette nouvelle écriture, seront sensés suivis de l'*e* muet.

Après une consonne redoublée, comme *s* du mot *masse*, ou toute autre, l'*e* muet sera aussi supprimé sans équivalant.

Enfin on s'abstiendra également de l'employer après une consonne qui, réunie à l'*e* muet, forme un mot entier ; et les neuf monosyllabes suivants seront exprimés par la consonne seule :

de, *ce*, *que*, *je*, *ne*, *me*, *le*, *se*, *te*.
d,   c,   q,   j,   n,   m,   l,   s,   t.

En résumé.

nie, n·°	toque, tq
soie, s:°	douze, dz
lieue, l+	bague, bg
danse, dns°	madame, mdm
autre, ··· tr°	thrône, thrn
rêve, rv	je, j
famille, fmll	le, l

Iᵉʳ. TABLEAU.

CHIFFRES VOYELLES

STATIONNAIRES.				ASCENDANTS.			FRACTIONNAIRES.	
Voyelles orales.				*Voyelles nazales en n.*			*Nazales en m.*	
1	a	à		1	an	21 ean	$\frac{1}{2}$	am
2	e	eu	22 ë	2	en	32 ien	$\frac{2}{3}$	em
3	i	y	33 ĩ	3	in	23 ein	$\frac{3}{4}$	im
4	o	ô		4	on	34 ion	$\frac{4}{5}$	om
5	u	ou	55 ü	5	un	25 eun	$\frac{5}{6}$	um
6	ai	au	66 ao	6	ain		$\frac{6}{7}$	aim
7	oi	eau	77 œ	7	oin		$\frac{7}{8}$	ym
8	ui	où		8	uin			
9	il (*)	oui		9	ouin			
.	.	aie						
.	.	oie						
.	.	ouie						

S'écriront par les chiffres attribués à *ai, oi, oui*, en y ajoutant le signe de l'*e* muet, ainsi : 6°, 7°, 9°.

(*) *Il*, son mouillé final, sans *e* muet, comme à la fin des mots *bail, soleil, péril, deuil, fenouil*, etc.

§ III.

Des chiffres – voyelles.

Il arrivera quelquefois que la suppression des voyelles initiales et finales rendra susceptibles d'une double ou triple interprétation les mots ainsi abrégés. Ceux-ci, par exemple, *gai*, *gué*, *gui*, *quai* et *quoi*, *ambre* et *ombre* réduits aux seules consonnes et aux signes numéraux g**, q**, ·mbr°, pourraient se confondre si le sens du discours n'en fixait la signification.

C'est dans ces cas d'équivoque qu'il sera bon de représenter les voyelles au commencement et à la fin de certains mots, qui sont en petit nombre, par quelqu'un des chiffres arabes 1, 2, 3, etc., d'après la valeur que nous leur attribuons à la première colonne du tableau qui va suivre.

En conséquence les voyelles des mots suivants qui d'après les autres éléments dont ils se composent font équivoque, seraient rendues par des chiffres, lorsqu'on aurait à craindre que le sens de la phrase n'en déterminât pas la valeur d'une manière assez précise ; l'expérience prouvera que cette rigoureuse exactitude est bien rarement nécessaire :

ma,	m1	mu,	m5
dé,	d2	du,	d5
la,	l1	lu,	l5
sa,	s1	si,	s3
ta,	t1	tu,	t5

feu,	f25	foi,	f7
gué, g2 ;	gui, g3	gai,	g6
loi,	l7	lui,	l8
quai,	q6	quoi,	q7

baie,	b6°	boue,	b45°
houe,	h45°	haie,	h6°
joue,	j45°	joie,	j7°
pluie,	pl8°	plaie,	pl6°
raie,	r6°	roue,	r45°
suie,	s8°	soie,	s7°
toue,	t43°	taie,	t6°

ambre ,	1mbr°	ombre ,	4mbr°
aratoire ,	1rtr°	oratoire ,	4rtr°
amputer ,	1mptr	imputer ,	3mptr
épiler ,	2plr	opiler ,	4plr
qu'il ait ,	q'l 6t	qu'il eût ,	q'l 2t

Quant aux mots qui dérivent d'une source commune , tels que *tu découvres , tu découvris , pleura* et *pleuré , favorisa* et *favorisé,* on peut sans inconvénient négliger les chiffres et l'on écrira : plr· , fvrs· , pour l'un ou l'autre de ces termes , le sens de la phrase devant déterminer le choix du lecteur entre ces mots de même origine.

Tout ce qui précède se rapporte à l'expression en chiffres des voyelles initiales et finales ; mais lorsque ces mêmes chiffres ne seront partie intégrante d'aucun mot , c'est-à-dire lorsqu'on les emploiera isolément , ils auront alors , comme on peut le voir au même tableau , une autre valeur , celle des mots de la langue entièrement formée de voyelles et dont suit la liste (*a ,* troisième personne du présent du verbe *avoir ;* il *a* cru , est la seule voyelle conservée en brachygraphie):

1 *à ,*   préposition et article.

2 *eu* ,   participe passé du verbe *avoir* (il a *eu*).

3 *y* ,   adverbe.

4 *ô* ,   interjection, exclamation.

5 *ou* ,   conjonction.

6 *au* ,   article.

7 *eau* ,   substantif.

8 *où* ,   adverbe.

9 *oui* ,   adverbe et subst. , particule affir- mative , etc.

Le 3 qui , lorsqu'il est isolé , tient lieu de *y* adverbe (il *y* va) remplacera aussi l'*y* au commencement des mots : *yacht* , *yeble* , *yeuse* , *yeux* , *ypreau* , etc. : 3cht , 3blo , 3so , 3x , 3pr. Ce chiffre 3 représentera encore l'*y* grec au milieu des mots , mais seulement entre deux voyelles , comme dans ceux-ci : *ayant* , *joyau* , *payen* : 3nt , j3 , p3² ; car entre deux con- sonnes comme dans *syntaxe* , *anonyme* , etc. , on supprime absolument cette voyelle : sntxo , nnm. Les noms propres cependant feront excep- tion à cette règle.

Les chiffres-voyelles ascendants et les chiffres fractionnaires du même tableau sont destinés à l'expression des vingt-une voyelles ou diphlongues nazales , dont la majeure partie revient très-fréquemment.

Les nazales qui forment des mots entiers , savoir : *an* (année), *en* , préposition , *on* , particule , et *un* , le premier des nombres , seront représentées par 1, 2, 4, 5 écrits isolément. Ces mêmes chiffres et les dix-sept autres tiendront lieu à la fin des mots des voyelles et diphtongues nazales en regard desquelles ils sont placés dans ce tableau; exemp. : *van* , v^1; *hymen* , hm^2; *festin* , fst^3 ; *refrain* , rfr^6 ; *témoin* , tm^7 ; *juin* , j^8 ; *quidam* , qd$\frac{1}{2}$; *surnom* , srn$\frac{4}{5}$; *parfum* , prf$\frac{5}{6}$; *faim* , fm$\frac{6}{7}$; *thym* , th$\frac{7}{8}$. Mais pour les nazales , initiales des mots , on ne fera usage des chiffres qu'en cas d'équivoque ; plus ordinairement on supprimera la voyelle et l'on conservera le *n* qui la constitue nazale ; exemp. : *antique* , ·ntq ; *entièrement* , ·ntrmnt ; *indéfini* , ·ndfn· , etc. ; *ambigu* , ·mbg· ; *embusquer* , ·mbsqr , etc.

Quand à la fin des mots les nazales sont suivies d'une consonne autre que le *s* du pluriel des noms , ce n'est plus par les chiffres voyelles qu'on aura à les représenter , il suffira d'écrire la lettre *n* qui en fait partie et d'y adjoindre la consonne qui vient à la suite ; exemp. : *quand* , qnd ; *plomb* , plmb ; *point* , pnt ; *dans* , dns.

Enfin ces chiffres permettent d'écrire en entier, d'une manière même plus abrégée, les noms propres, les mots de nouvelle création, les termes de sciences peu connus, et les mots isolés ou cités pour exemples.

On les emploie également à exprimer les six interjections qui suivent et qu'il était à propos de différencier :

ah ! 1h ! eh ! 2h ! oh ! 4h !
ha ! h1 ! hé ! h2 ! ho ! h4 !

En résumé.

ta, t1 ; loi, l7 ; raie, r6° ; aratoire, 1rtr°.
tu, t5 ; lui, l8 ; roue, r45°; oratoire, 4rtr°.

âtre, aître, autre, être, outre.
1tr°, 6tr°, 15tr°, 2tr°, 45tr°.

oui, il y a eu très froid. Où ? dans l'eau.
9, 13 1 2 trs frd.   8 ? dns l'7.

yèble, joyau, syntaxe.
3blo, j3··, sntx°.

son , sain , soin , suin , sien , sein , sion.
s4 , s6 , s7 , s8 , s32 , s23 , s34.

angle , enfant , infâme , ampleur , emploi , impur.
·nglo , ·nfnt , ·nfm , ·mplr , ·mpl·· , ·mpr.

antre ,　entre.　　　　âne , une.
1ntro ,　2ntro.　　　　ın , 5n.

§ IV.

Des consonnes.

Aucune consonne ne se redouble en Brachy-graphie ; la seconde, de deux consonnes sem-blables, sera remplacée par l'apostrophe; exemp.:

prsn'l ,　　grf'r ,　rp'rt ,　sl'ctr ,　　ms'rs
personnel, greffier, rapport, solliciter, messieurs,
prsn' ,　　　grf'o ,　grp'o ,　rbl'o ,　　ts'
personne , greffe , grappe, rebelle , tasse.

Il n'y a d'exception à cette règle que pour le *ill* (*l* mouillé) des mots semblables à ceux-ci : *paille , abeille , famille ,* etc. ; *billard, veillée , brillant ,* qu'on rendra par *ll.*

On a vu précédemment qu'un autre *l* mouillé,

il final sans *e* muet , s'exprime par le chiffre 9 ; exemp. : b9, *bail* ; sl9, *soleil* ; pr9, *péril* ; d9, *deuil* ; fn9, *fenouil*.

L'apostrophe ordinaire , celle qui indique une élision entre un pronom , un article , etc. , et un autre mot commençant par une voyelle , n'en sera pas moins conservée pour l'expression des mots semblables à ceux qui suivent : *j'avoue, il m'envoie, elle s'irrite, je t'oblige, on n'ose, c'est, qu'à, l'instant, l'objet*, etc.

Après l'apostrophe dont nous venons de parler, et qui , même dans l'écriture ordinaire, tient lieu d'une voyelle supprimée , comme *l'ame*, pour la ame, *l'écu*, pour le écu , on n'indiquera par les points numéraux le nombre des voyelles qui commencent le mot qu'autant qu'il y en aura plus d'une ; exemp. :

une voyelle ;	j'abandonne , j'bndn'
deux voyelles ;	j'augure , j'··gr°
trois voyelles ;	l'aoûteron , l'.·.tr⁴

Comme aucun mot français ne commence par une consonne redoublée, l'apostrophe en tant que signe réduplicatif de la consonne , ne se confondra jamais avec le même signe indicateur d'une élision.

Dans la nécessité où nous sommes de réformer à quelques égards notre antique alphabet, nous ne saurions trop instamment réclamer l'indulgence des lecteurs.

Plusieurs consonnes ont une double valeur qui ne peut convenir à la simplicité de notre méthode. Il existe dans la langue française des sons qu'aucun signe de cet alphabet ne peint exactement, et d'autres qui n'y sont caractérisés que par le concours de deux ou trois lettres dont le son propre n'a souvent aucun rapport à celui résultant de la combinaison de ces éléments.

Les changements que nous proposons, et dont on verra plus loin les motifs (note 3), ne s'appliquant d'ailleurs qu'à une nouvelle manière d'écrire, ils ne peuvent être pris pour un désir d'innover, ou d'altérer en quoi que ce soit l'orthographe que l'usage a consacrée.

Nous proposons donc de substituer de nouveaux signes à six des consonnes de l'alphabet français, *savoir* :

1°. le *k* au *c*, toutes les fois que cette dernière lettre fera entendre le son dur et guttural qu'elle a dans les mots *cocotier*, *court*, *curial*, *accabler*, *occurrence*, qu'on écrira par conséquent : kktr, krt, krl, •k'blr, •k'r'nc.

Lorsque le *c* a le son du *s*, comme dans

ceci, *épice*, il conserve sa forme ordinaire ; mais comme cette consonne, à la fin d'un mot, ne peut se prononcer qu'à l'aide de l'*e* muet, il n'y aura pas nécessité d'écrire le ° représentatif de cette voyelle à la suite de la consonne *c* dans tous les mots terminés en *ce*, et l'on exprimera *lace*, *France*, *Grèce*, *vice*, *once*, *suce*, par lc, Frnc, Grc, vc, ·nc, sc, sans avoir à craindre que cette omission donne lieu de confondre les mots dont la finale est *ce*, avec des mots semblables terminés en *c*, non suivi de l'*e* muet, attendu que ces derniers doivent s'écrire avec le signe *k* que nous venons de substituer au *c* dur ; exemp. : *lac*, lk ; *franc*, frnk ; *grec*, grk ; *vic*, vk ; *onc*, ·nk ; *suc*, sk.

C'est conséquemment par la combinaison de ces deux signes *k* et *c*, dont la valeur respective est maintenant fixée, qu'on aura à représenter les deux sons différents que le *c* fait entendre dans les mots semblables à ceux-ci : *succès*, *accident*, *succinct*, *cacique*, skcs, ·kcdnt, skcnct. kcq.

2°. Nous substituons le ɔ (*c* retourné) à la combinaison *ch*, exprimant le son doux et chuintant que d'autres peuples caractérisent par *sh*, *sch*, *sci*, *sz*; et dont les mots *chat*, *chercher*, *riche*, offrent chez nous un exemple ; ɔt, ɔrɔr, rɔ.

Quant au son dur et guttural représenté aussi par *ch* dans les mots *chorus*, *christ*, *chronique*, on le maintiendra en possession du signe actuel et l'on écrira chrs, chrst, chrnq, quoique ce signe ait l'inconvénient de caractériser par deux lettres un son unique que les Grecs représentaient plus exactement en une seule (1).

3°. Nous substituons encore le *j* (ſ renversé) au *g* dans tous les mots où il affecte le son doux et chuintant, semblable à celui du *j*, que l'on peut remarquer dans les mots *ravager*, *général*, *geolier*, *forge* : rvſr, ſnrl, ſlr, frſ ; la lettre *q* servira plus qu'à rendre le son dur et guttural des mots *guérir*, *augmenter*, *ligue*.

L'assemblage g*u*, q*u*, partout où il existe, sera toujours réduit aux seules consonnes g, *q* ; la voyelle *u* dont ces consonnes sont souvent accompagnées, ne comptera même pour rien dans le nombre des voyelles omises et que doivent

(1) Les personnes auxquelles l'alphabet grec est familier, exprimeront encore mieux ce *ch* dur par la consonne *chi* que les Grecs lui ont assignée.

Pour abréger d'autant, ces personnes pourraient aussi employer quatre autres caractères grecs à l'expression de nos doubles consonnes ; savoir le *œi* pour les deux *c* de *succès* ; le *théta* pour le *th* de *athée*; le *phi* pour le *ph* de *philosophie*, et le *psi* pour le *ps* de *psaume*, et autres mots semblables.

remplacer les points numéraux; exemples: *guérir*, grr ; *baguenaudier*, bgnd ; *ligue*, lg° ; *quintal*, qntl ; *paquebot*, pqbt ; *trinque*, trnq°.

4°. Le *n* tildé des Espagnols, qui se fait ainsi n et qu'ils appellent *gné*, remplacera la combinaison *gn*, tel qu'on en distingue le son dans les mots *montagnard*, *gagner*, *digne* : mntnrd, gn̄r, dn.

5°. Le *ll* des Espagnols sera substitué à *l* mouillé que notre orthographe représente par *ill* et *ille* dans *vieillard*, *famille*; après ce signe *ll*, on se dispensera d'écrire le zéro de l'*e* muet final, ainsi que nous l'avons déjà dit.

6°. Enfin nous remplaçons par ɿ (ɿ renversé) la consonne *t* partout où elle a le son du *s* ; comme dans les mots *privation*, *proportionnel*, *impartial* : prvɿ[34], prprɿn'l : ·mprɿl.

En résumé.

Personnel, prsn'l ; personne, prsn' ; j'abandonne, j'bndn' ; j'augure, j'··gr°.

Substitution du *k* au *c* dur : cadre, kdr° ; écarter, ·krtr ; avec, ·vk.

Du ɔ au *ch* doux : *charmé*, ɔrm· ; *achever*, ·ɔvr ; *relâche*, rlɔ.

Du *ſ* au *g* doux : *génie* , ſn·º ; *régénéré* ,
rſnr· ; *ménage* , mnſ.

Du *ſ* au *t* sifflant : *munition* , mnɿ[34] ; *aris-
tocratie* , ·rstkrɿ·º ; *patience* , pɿnc.

§ V.

Du pluriel des noms substantifs.

Les noms substantifs terminés par une ou
plusieurs voyelles , soit orale , soit nazale , et
dont le pluriel ne diffère du singulier que par
l'addition du *s* , signe ordinaire de pluralité ,
seront écrits au pluriel comme on aurait eu à
le faire pour le nombre singulier , c'est-à-dire
avec l'attention d'indiquer par les points de
convention le nombre de ces voyelles finales ;
puis , au lieu d'ajouter à cet ensemble le *s* indicateur du pluriel, on y substituera le guillemet qui se trace ainsi » ; exemples des différentes
finales des substantifs pluriels :

1º. L'*e* muet : *les côtes* , ls ktº».

2º. Une seule voyelle : *les côtés* , ls kt·» ;
les romans , ls rmɪ ».

3º. Deux voyelles : *les délais* , ls dl:» ;
les romains , ls rom⁶ ».

4°. Trois voyelles : *les pluies* , ls pl:°»; *les marsouins* , ls mrs9 ».

5°. Quatre voyelles : *les lieues* , ls l+».

Cependant toutes les fois que ces substantifs seront précédés d'un article ou d'un pronom revêtus de la forme plurielle ou de tout autre mot qui indique clairement qu'ils sont au nombre pluriel, on pourra supprimer ce guillemet; exemp. : *les hommes* , ls hms'; *tes ennemis* , ts ·n'm· ; *trois députés* , trs dpt· ; *ces pluies* , cs pl:° ; *des romains* , ds rm⁶ ; la finale *s* donnée aux substantifs pour exprimer dans ces cas l'idée accessoire de nombre est effectivement un pléonasme.

On fera aussi usage des points numéraux pour les substantifs terminés par des voyelles et qui ont x pour signe de pluralité ; mais ce x sera conservé et s'adjoindra à ces points abréviateurs ; exemp. : *feux* , f:x ; *tombeaux* , tmb.:.x.

§ VI.

Des adjectifs.

La langue française a quelques adjectifs des deux genres qui , bien que se rapportant à des substantifs de genres différents , s'écrivent de la même manière dans les deux cas, sans qu'il résulte de cette similitude aucune obscurité dans la phrase ; on dit par exemple : *un* meuble *fragile* et *une* pièce *fragile* ; *un* ouvrage *utile* et *une* invention *utile* ; *un* art *admirable* et *une* histoire *admirable*. Dans la langue anglaise, les adjectifs ne sont d'aucun nombre, ni d'aucun genre, ils restent invariables dans leur terminaison, de tel genre et de tel nombre que soit le substantif qu'ils accompagnent (Voyez note 4). Cette langue a cela de commun avec le celto-breton.

Il en sera de même en Brachygraphie ; tous les adjectifs, et même tous les participes déclinables des verbes seront invariables et s'écriront comme au singulier-masculin de quelque genre et de quelque nombre que soient les substantifs auxquels ils se rapportent ; on exprimera donc sans le o de l'*e* muet et sans les signes du pluriel les mots de l'espèce semblable à ceux qui suivent :

Fort, *forts* ; *forte*, *fortes* ; par. . . . frt.
Vil, *vils* ; *vile*, *viles*. . . . . vl.
Plaintif, *plaintifs* ; *plaintive*, *plainti-*
ves. . . . . plntf
Odieux, *odieuse*, *odieuses*. . . . . . dx.
Doux douce, *douces* . . . . dx.

*Enchanteur, enchanteurs; enchante-
resse, enchanteresses . . . . nchntr.*

*Menaçant, menaçants; menaçante,
menaçantes . . . . mncnt.*

*Substitué, substitués; substituée, subs-
tituées . . . . sbstt.*

Lu, lus; lue, lues. l

§ VII.

Des verbes.

Les consonnes *s*, *t*, *ns*, *z*, *nt*, terminen
la majeure partie des différentes personnes d
beaucoup de temps des verbes, exemp. : je fi*s*, t
pense*s*, il li*t*, il vie*nt*, nous prétendo*ns* vo
souhaite*z*, ils transcrive*nt*.

Lorsque ces consonnes ne sont précédées q
d'une seule voyelle, on la supprime sans qu
soit besoin d'indiquer cette omission par le poi
numéral, et l'on écrira les mots ci-dessus
autres semblables par les abréviations qui suiven
j f*s*, ·t· pns*s*, ·l l*t*, ·l·v*nt*, ns prtnd*ns*, vs sh
·ls trnskrv*nt*.

Mais toutes les fois qu'il se trouvera deux
plusieurs voyelles avant les consonnes finales do
il s'agit, on aura l'attention, après avoir égal

ment supprimé ces voyelles , d'en indiquer le nombre par les signes de convention ; exemp. : *je fais* , j f:s ; *tu pensais* , t· pens:s ; *il venait* , ·l vn:t ; *nous prétendions* , ns prtnd:ns ; *vous souhaitiez* , vs sht:z ; *ils transcrivaient* , ·ls trnskrv.·:nt.

La même règle sera suivie pour les infinitifs de toutes les conjugaisons françaises ; et lorsqu'ils auront plus d'une voyelle avant le *r* par lequel se terminent les infinitifs des trois premières et avant le *re* final de la 4e., on en indiquera le nombre par les points numéraux , ainsi qu'il suit : *prier* , pr:r ; *baffouer* , bf'.·.r ; *haïr* , h:r ; *réjouir* , rj.·.r ; *recevoir* , rcv:r ; *luire* , l:r° ; *déduire* , dd:r° ; *réduire* , rd:r°.

En résumé.

je lis.	j ls.
je luis.	j l:s.
je liais.	j l.·.s.
je louais.	j l+s.

lier , l:r ; louer , l.·.r ; luire , l:r°.

§ VIII.

De l'orthographe.

Les règles de l'orthographe seront rigoureusement observées en Brachygraphie ; on ne peut dans cette écriture supprimer aucune autre lettre que les voyelles et quelques signes du pluriel ; la ponctuation y sera la même que celle généralement adoptée.

DE LA BRACHYGRAPHIE.

1º. Dans cette écriture abrégée, toute voyelle médiante est supprimée sans équivalent : *mtnl*, matinal.

2º. Les voyelles qui commencent ou terminent un mot sont remplacées par des points en nombre égal à celui des voyelles omises :

.mnt,	amant ;	*m·*,	ma.
··mnt,	aimant ;	*m··*,	mai.
.·.r,	ouïr ;	*rj.·.*,	réjoui.
·m·,	ami ;	*··jrd'h··*,	aujourd'hui.

3º. Le zéro ascendant º tient lieu de l'*e* muet à la fin des mots :

r··º, rue ; *r:º*, roue ; *tr.·.º*, trouée (subst. fém.); *mtrsº*, maîtrise ; *trstº*, triste ; *snstrº*, sinistre.

Par exception à cette règle, les monosyllabes *de*, *ce*, *que*, *je*, *ne*, etc., s'écrivent *d*, *c*, *q*, *j*, *n*, etc.

4º. En cas d'équivoque résultant de la suppression des voyelles initiales et terminatives, il y est suppléé par les chiffres 1, 2, 3, 4, etc., représentatifs des voyelles *a*, *e*, *i*, *o*, etc. : *d2*, dé ; *l5*, lu ; *s3*, si ; *f25*, feu ; *4mbr°*, ombre ; *2plr*, épiler.

5°. Les mots entièrement formés de voyelles *à*, *eu*, *y*, *ô*, *où*, sont exprimés aussi par des chiffres qu'on emploie isolément :

1 *Rm*, à Rome ; j'·· 2, j'ai *eu* ; ·1 3 v·, il *y* va ; 4 D.·., ô Dieu ! 5 *l*··, 5 *m*··, ou lui, ou moi.

A du verbe *avoir* (il *a* cru), est la seule voyelle conservée.

6°. Les chiffres minuscules ascendants [1], [2], [3], [4], etc., tiennent lieu à la fin des mots des voyelles nazales terminées en *n* : *an*, *ën*, *in*, *on*, etc., p[1], pan ; p , pin ; p[6], pain.

Les mêmes chiffres isolés expriment les nazales formant des mots : [2], [5], [1], *en*, *un*, *an*.

Aux nazales finales *am*, *em*, *im*, *om*, etc., on substitue les chiffres fractionnaires $\frac{1}{2}$, $\frac{2}{3}$, $\frac{3}{4}$, $\frac{4}{5}$, etc. : *qd*$\frac{1}{2}$, quidam ; *prf*$\frac{5}{6}$, parfum ; th$\frac{7}{8}$, thym.

7°. La seconde de deux consonnes semblables et consécutives est supprimée et remplacée par l'apostrophe : *sl'ctr*, solliciter ; si ces deux consonnes sont suivies de l'*e* muet final, on omet, après cette apostrophe, le signe de l'*e* dont il s'agit : *grp'*, grappe.

8°. L'apostrophe ordinaire est conservée : *l'nstnt*, à l'instant ; *j'xprm*, j'exprime ; *d'brd*, d'abord ; *q'l*, qu'il, etc. Si le mot qui la suit commence par plus d'une voyelle, les points en indiquent le nombre : *l'∶svt·*, l'oisiveté ; *·vnt l'∶·t*, avant l'août.

9°. *Réforme de quelques consonnes.*

Le *k* est substitué au *c* dur : *kdr°*, cadre ; *lkl*, licol ; *·vk*, avec ; *·k'bl°*, accable ; *skcs*, succès.

La cédille à ce moyen devient inutile.

Le *ɔ* au *ch* doux : *ɔʋl*, cheval ; *rɔs'*, richesse ; *dpɔ*, dépêche.

Le *ʃ* au *g* doux : *rnʃ·*, rangea ; *ʃmr*, gémir ; *ʃbrn*, giberne ; *ʃl°*, geole ; *nʃ*, neige.

Le *n̄* au *gn* mouillé : *dn̄t·*, dignité ; *mntn̄*, montagne.

Le *ll* à *ill* (*l* mouillé) : *ʋllrd*, vieillard ; *brllr*, briller. Après cette double *ll*, on omet le *°* de l'*e* muet final : *btll*, bataille ; *fmll*, famille.

Un autre *l* mouillé, *il* final, sans *e* muet, est exprimé par le chiffre 9 : *b9*, bail ; *sl9*, soleil ; *pr9*, péril ; *d9*, deuil ; *fng*, fenouille.

Enfin on substitue le *ꝛ* au *t*, lorsque ce dernier a le son du *s* dure : *pjnc*, patience ; *fcɟ·ᵒ* facétie ; *prprɟ*[34], proportion.

10°. Le pluriel des noms substantifs terminé au singulier par deux ou plusieurs voyelles s'écri comme le singulier, sauf à y ajouter le signe d pluralité : *l nv··*, le neveu ; *ls nv:x*, le neveux ; *l frd.·.*, le fardeau ; *ls frd.·.x*, le fardeaux ; mais quand ce signe du pluriel es un *s*, on le remplace par le guillemet » lor même que le substantif n'aurait pour termina- tive au singulier qu'une seule voyelle : *ls kt°»* les côtes ; *ls kt·»*, les côtés ; *ls dl··»*, le délais ; *ls pl:°»*, les pluies ; *ls Rm⁶»*, le Romains ; *ls mrs9»*, les marsouins. Ce guil- lemet servira à différencier les substantifs plu- riels terminés en *s*, des personnes de tous le temps des verbes qui ont la même désinence.

Toutes les fois qu'il résulte évidemment d sens de la phrase que ces substantifs sont a pluriel, on peut omettre le guillement : *ds·ɔvlr* des chevaliers ; *ts ls sn*, tous les signes ; *m krnt°*, mes craintes ; *cnq ·rbr°*, cinq arbres.

11°. Les adjectifs n'ont en Brachygraphie n genre ni nombre ; ils gardent invariablement l forme du nominatif singulier-masculin. Les par ticipes passés des verbes (aimé, fini, reçu réduit), sont également indéclinables : *·l' ·s* *trs-dx*, elles est très-douce ; *plntf trtrl*, plaintive tourterelle ; *ls nmph ntmd* les nymphes intimidées ; *ds frm sdsnt*, des formes séduisantes.

12º. *Du verbe.* La dernière syllabe des différentes personnes de tous les temps des verbes et même de l'infinitif, est-elle composée de deux ou plusieurs voyelles, on doit, après les avoir supprimées, en indiquer le nombre avant les consonnes *s*, *t*, *ns*, *z*, *nt*, et *r* (ou seul ou suivi de *e*) qui terminent tous ces temps et l'infinitif ; exemples :

j f:s, je fais ; *ns prtnd:ns*, nous prétendions. *t pns:s*, tu pensais ; *vs sh:tz*, vous souhaitiez. *l vn:t*, il venait; *ls trnskrcv:.nt*, ils transcrivaient.

pr:r, prier ; *rj:.r*, réjouir ; *rd:r⁰*, réduire.

Mode d'interprétation.

Afin de dissiper les doutes qui pourraient s'élever dans l'esprit de quelques-uns de nos lecteurs sur la possibilité de déchiffrer cette écriture, nous indiquerons un procédé qui, lorsqu'on commence l'étude de la Brachygraphie, aide beaucoup à la lecture, et qui consiste à interposer mentalement une voyelle entre chacune des consonnes du mot qu'il s'agit d'interpréter.

E muet et *é* fermé seront les premières voyelles qu'on supposera devoir intervenir entre ces consonnes et dont on fera d'abord l'essai : si cette première tentative ne satisfait pas , on passera successivement aux autres voyelles en commençant par *i* , puis *a* , *ai* , etc.

Les mots abrégés que l'on aurait à lire pourraient être ceux ci-après ; voici en ce cas comme on procéderait à cette opération :

Mots abrégés.	*Combinaisons.*	*Résultat.*
rdvnr. . .	*redevener* / *rédévéner* / *ridivinir*	redevenir.
trn'sr. . .	*terenneser* / *tirinnisir* / *tarannasar .*	tyranniser.
prlbt[34] . .	*perelebetion* / *pérélébétion* / *pirilibition* / *paralabation*	prélibation.
prdxl. . .	*peredexel* / *pérédexel* / *paradaxal* / *porodoxol*	paradoxal.

L'entremise d'une seule et même voyelle donne quelquefois des mots tout faits ; exemple :

<table>
<tr><td>rpt·</td><td rowspan="2">{ intercalez e et vous avez }</td><td>répété.</td></tr>
<tr><td>prdcd·</td><td>prédécédé.</td></tr>
<tr><td>cvl</td><td rowspan="2">{ . . . . . i . . . . . . }</td><td>civil.</td></tr>
<tr><td>prmtf</td><td>primitif.</td></tr>
</table>

L'exercice et l'habitude rendront bientôt inutile cet expédient que nous n'indiquons ici que pour ceux qui commencent.

Un autre moyen qui faciliterait beaucoup la lecture, consisterait à faire usage, au moins en écrivant, si la Typographie ne pouvait s'y prêter, du signe de musique appellé *coulé*, lequel embrasse deux ou plusieurs notes qu'en chantant on doit passer sous la même articulation, en prolongeant la même inspiration. Ce signe qui est un demi-cercle ou ligne courbe, ainsi formé ⌒ ou ⌣, et que peut-être l'imprimeur sera obligé de remplacer par un long tiret — ou —, signifierait en Brachygraphie que les deux ou trois consonnes qu'il surmonte ou qu'il souligne ne sont séparées l'une de l'autre par aucune voyelle, c'est-à-dire qu'elles se touchent immédiatement dans le mot dont elles font partie. On différencierait ainsi beaucoup de mots Brachygraphiques formés des mêmes con-

sonnes et qui n'ont cependant pas la même signification ; celui-ci entr'autres :

plus, palais ;   pls, pls.

L'emploi de ce signe permettrait même de
supprimer à la fin des mots le signe de l'*e* muet
que précèdent deux ou trois consonnes immé-
diates ; car cet *e* muet final sera naturellement
suppléé à la lecture , puisqu'on ne saurait prononcer deux consonnes de suite sans le faire
entendre simultanément ; exemples :

allègre,	·lgr.	libre ,	lb'r.
astre ,	·str.	monstre,	mnstr.
cèdre,	cdr.	ministre,	mnstr.
chanter,	ɔntr.	pâtre,	ptr.

Et l'on n'aurait plus à craindre d'équivoque
entre les mots ci-dessus et ceux qui suivent ,
ni autres semblables :

alléguer ,	·lgr.	liber ,	lbr.
aster ,	·str.	ministère,	mnstrᵒ.
céder ,	cdr.	*Pater*,	Ptr.
chanter ,	ɔntr.	patère,	ptrᵒ.

L'interprétation des points qui , à la fin des

mots, remplacent les voyelles dont ils indiquent le nombre, éprouvera peu de difficultés si l'on fait usage des données suivantes :

1º. Sur 1900 mots environ terminés dans notre langue par une seule voyelle, il y en a 1040 qui le sont en *é* fermé ; 460 en i ; 260 en u ; 100 en a ; et 50 en o. Ainsi lorsque le point ascendant écrit à la fin d'un mot annoncera la suppression d'une seule voyelle, vous pouvez à jeu sûr parier 19 contre 10 que cette voyelle est un *é*, 4 contre 19 que c'est un i, etc.

Remarquez à ce sujet que la voyelle qui précède l'*e* muet à la fin d'un mot ne peut être que *e*, *i*, ou bien *u*, jamais *a*, ni *o*, ni *au*.

2º. Si les deux points ·· ou : indiquent un mot terminé par deux voyelles, la chance la plus probable sera pour *ou* qui revient 56 fois sur 224 ; ensuite pour *oi* dont la fréquence est de 36 ; *ié* 33 ; *eu* 27 ; *ai* 23 ; *ui* 12 ; *au* 10 ; *ia* 8, etc.

3º. La majeure partie des mots terminés par trois voyelles a pour finale *eau*, dont la fréquence est comme 265 à 350. Lors donc que vous verrez un mot terminé par le triangle ponctué ·.·, n'hésitez pas à y substituer d'abord la voyelle composée *eau*, puis à défaut de celle-là, vous supposerez successivement ces autres : *ayé, ieu*, *oui*, *oué*, qui se présentent dans l'ordre ci-après : 29, 17, 12, et 8 fois sur 350.

Quant aux désinences de quatre voyelles, il y en a 10 sur 21 dont l'*y* et l'*i* trémat font partie ; et comme ces deux voyelles sont représentées par des chiffres spéciaux (3 et 33), il sera facile de les reconnaître. Les autres sont dans l'ordre de fréquence *ouée*, *ieue*, *ueue*, et *ouie*.

Les voyelles initiales des mots ne sont pas tout-à-fait susceptibles des mêmes calculs. Lorsque le point numéral, au commencement d'un mot indiquera l'omission d'une seule voyelle, on fera successivement l'épreuve de l'une des cinq, dans cet ordre : *e*, *i*, *a*, *o*, *u*.

Si les deux points annoncent la suppression de deux voyelles à la tête d'un mot, il est bien probable qu'il faudra expliquer ces points par la voyelle *eu* qui revient 50 fois sur 102, ou par *oi* dont le nombre de fréquence est 30.

A la vue du triangle ponctué .·. vous aurez à l'interpréter d'abord par *oua*, ensuite par *oui*, car ces deux diphtongues interviennent au commencement des mots, l'une 9 fois l'autre 5 sur 19.

Il n'y a que trois mots français commençant par quatre voyelles : *ouaiche*, *ouailles*, *ouais*.

En résumé.

Série des voyelles à intercaler mentalement :
1°. A la fin des mots.... *e* muet, *é, i, a, u, o.*
2°. Au commencement............ *e, i, a, o, u.*

Des homonymes.

La Brachygraphie offrira des homonymes puisqu'il en existe dans la langue française. A raison même de la suppression des voyelles, qui est la base principale de cette écriture, il doit s'y en trouver un plus grand nombre. Mais l'i-dendité des lettres qui caractérisent des mots d'une signification souvent bien différente ne doit pas plus effrayer l'imagination, relativement à la Brachygraphie qu'elle ne le fait pour les homo-nymes des phrases suivantes, assez grotésques à la vérité, mais arrangées de manière à faire voir que le sens de la phrase détermine toujours la différente valeur de ces mots tous semblables :

« J'éprouve je ne sais quel *charme* à me re-
« poser au pied de ce *charme.* »

« Il est bien *fin* ; mais on verra la *fin* de
« tout ceci. »

« Ce gros *livre* pèse plus d'une *livre.* »

« Il a caché le couteau dans sa *manche* ;
« on en voit le *manche*. »

« Voilà un *mousse* qui dort sur la *mous-*
« *se*. »

« Je suis *sûr* que le vin qui est *sur* la table
« est plus *sur* que du vinaigre. »

« C'est un *point* dont il ne démordra *point*.»

« Moi *présent*, il lui en a fait *présent*. »

« Il vend des *simples*, et trompe les *simples*.»

« Il a si peu de *mémoire*, qu'il ne sait ce qu'il
« a fait de son *mémoire*.

« J'y ai plongé un *vase*, et l'ai retiré plein
« de *vase*. »

« Que ce soit ou non le *terme* propre, vous
« restez-là comme un *terme* ; il faut un *terme*
« à tout. »

« Il lui fit signe du haut de la *tour*, dont
« nous faisions le *tour* ; on ne s'attendait pas
« à ce *tour*. »

« Le *vol* littéraire appelé plagiat, n'est pas
« le *vol* du génie. »

Il est d'ailleurs de convention qu'en Brachygraphie on ne reconnaîtra de véritables homonymes qu'entre les mots de même espèce qui,
après la suppression des voyelles, se trouvent
composés des mêmes consonnes. Le substantif,
dont le propre est de désigner un objet, peut

toujours marcher seul ; l'adjectif au contraire qui n'énonce jamais que des qualités, a constamment besoin d'un soutien, d'un nom auquel il se rapporte. Cet adjectif est donc trop reconnaissable de sa nature pour être considéré, malgré l'identité des consonnes, comme homonyme d'aucun substantif. Il en faut dire autant des verbes si faciles à reconnaître et à distinguer des autres mots, puisqu'ils sont presque toujours précédés ou suivis soit d'un nominatif, soit d'un pronom.

Il ne restera ainsi de difficulté que pour les homonymes de substantifs à substantifs, d'adjectifs à adjectifs, de verbes à verbes ; mais les chiffres-voyelles, en cas d'équivoque, serviront, comme on l'a déjà vu au § III, à les différencier. On pourra aussi, pour en diminuer considérablement le nombre, recourir aux signes des désinences les plus fréquentes de la langue dont nous parlerons au § suivant.

Il y a cependant deux noms de nombre et deux prépositions, qu'à raison de leur similitude apparente et de leur différence réelle, il sera nécessaire d'écrire en toutes lettres pour éviter toute équivoque : ces mots composés des mêmes consonnes, sont *deux* et *dix, dessus* et *dessous.*

Voyez cependant ci-après un autre mode d'expression des deux prépositions dont il s'agit.

Tel est dans son ensemble ce système de
Brachygraphie, au moyen duquel on parviendrait
certainement à écrire deux fois plus vîte qu'on
ne le fait de la manière usitée si, à ces différents
modes de contraction on ajoutait l'emploi de signes
quelconques pour représenter les terminaisons
d'un certain nombre de mots.

Nous proposerons deux moyens à cet égard ;
l'un particulièrement destiné aux personnes moins
instruites, mais douées d'une heureuse mémoire;
l'autre à celles qui possèdent les principales no-
tions de la grammaire et connaissent un grand
nombre des mots de leur langue.

Le premier mode d'abréviations que nous
appelons *spéciales*, consiste à représenter par
les petites capitales des consonnes B, C, D,
etc., les vingt désinences de mots les plus fréquentes de la langue, et dont le tableau ci-après
contient l'exacte série. Nous y ajouterons, comme
appendix, le mode de contraction de trente prépositions polysyllabiques, et de quelques sy-
nonymes.

IIᵉ. TABLEAU.

LES VINGT DÉSINENCES

Les plus fréquentes de la langue française.

PAR ORDRE DE FRÉQUENCE.					
		Mots de rappel.			*Mots de rappel.*
B	ment	a Boiement	, B	mment	a Bondamment
C	tion	Caution	, C	ition	Constitution
D	eur	o Deur	, D	teur	Directeur
F	ier	Fier	, F	lier	Familier
G	té	Gaité	, G	ité'	Générosité
H	ique	Héroïque	, H	tique	Hérétique
J	ter	Jouter	, J	eter	Jeter
K	ser	Caser	, K	iser	Caractériser
L	ner	Lésiner	, L	onner	Liaisonner
M	age	i Mage	, M	nage	Ménage
N	aire	Nobiliaire	, N	naire	Nonagénaire
P	ir	sou Pir	, P	tir	Partir
Q	ler	Quadrupler	, Q	eler	Quereller
R	able	e Rable	, R	table	Respectable
S	nce	Science	, S	ance	Stance
T	ure	na Ture	, T	ture	Torture
V	ette	a Vette	, V	lette	Violette
W	rer	....	, W	erer	....
X	nte	....	, X	ante	soi Xante
Z	ième	on Zième			

PAR ORDRE ALPHABÉTIQUE.			
able	R	table	, R
age	M	nage	, M
aire	N	naire	, N
ette	V	lette	, V
eur	D	teur	, D
ième	Z	......	.
ier	F	lier	, F
ique	H	tique	, H
ir	P	tir	, P
Ier	Q	eler	, Q
ment	B	mment	, B
nce	S	ance	, S
ner	L	onner	, L
nte	X	ante	, X
rer	W	erer	, W
ser	K	iser	, K
té	G	ité	, G
ter	J	eter	, J
tion	C	ition	, C
urc	T	ture	, T

C'est ainsi qu'un seul caractère tiendra bien souvent lieu de quatre ou cinq lettres à la fin des mots ; ces signes de désinences donneront la facilité de différencier beaucoup d'homonymes ; exemp. : créer , kr:r ; crier , krF ; chère oro ; chaire , oN. ; répétition , rpt,C ; réputation , rptC.

On se gardera bien néanmoins de chercher à apprendre et à employer à la fois toutes ces abréviations. Il sera bon de ne faire d'abord usage que des premières qui sont les plus fréquentes: *ment* , *mment* ; *tion* , *ition* ; *té* , *ité* , etc. ; et on n'adoptera les autres que successivement et deux ou trois à la fois.

Contraction de trente prépositions polysyllabiques.

aa , *avant.*	oe, *contre.*
aaa, *auparavant.*	oea, *concernant.*
aae, *à travers.*	oi, *voici,* ou *hormis.*
ae , *après,* ou *malgré.*	oia , *joignant.*
ai , *parmi.*	ooa, *nonobstant.*
aie, *arrière.*	oua, *touchant.*
aue, *auprès.*	ea , *pendant* ou *devant.*
auo, *autour.*	ee , *entre.*
oa, *voilà.*	eee, *excepté.*

eie , *derrière.*	oué, *outre.*
eio , *environ.*	ua , *durant.*
eo , *dessous.*	uia , *suivant.*
eu , *dessus.*	uoe, *supposé.*
eui , *ensuite.*	

Contraction de quelques synonymes Brachy-graphiques.

h *au lieu de* ht , *haut* , *pour le distinguer de* ht , *huit.*

k   kr , *car* ,   kr , *cour.*

p   pr , *par* ,   pr , *pour.*

v   vs , *vous* ,   vs , *vos.*

x   ˙˙x , *aux* ,   ˙˙x , *eux.*

Autres contractions.

b *par abréviation* , *au lieu de* b ^{32} , *bien* , adjectif.

f   ,   frt , *fort* , adverbe.

g   ,   grnd , *grand.*

’r   ,   ’r ^{32} , *rien.*

y *signifiera , comme en Espagnol , la conjonction* et.

yc   et cœtera.

Contraction des réduplicatifs.

BR ,   *au lieu de*   brbr⁰ ,   *barbare.*

FR ,   fr⁰ fr⁰ ,   *faire-faire.*

MR,	mrmr°,	murmure.
TR,	trtr°,	tartare.
ZG,	zgzg,	zigzag.
M°,	mm°,	même.
T°,	tt°,	tête.
B⁴,	bnb⁴,	bonbon.
F¹,	fnf¹,	fanfan.
M¹,	mm¹,	maman.
P·,	pp·,	papa.
Q½,	qq½,	quamquam.
V,	vv,	vous vous.
NS,	ns ns,	nous nous.
₁G·,	₁gg·,	à gogo.
BT,	bt ₁ bt,	bout-à-bout.
DGR,	d gr· ₁ gr·,	de gré à gré.
NZ,	nz ₁ nz,	nez-à-nez.
P··,	p·· ₁ p··,	peu-à-peu.
PTT,	ptt ₁ ptt,	petit à petit.
PD,	pd ₁ pd,	pied à pied.
TR,	tr ₁ tr,	tour-à-tour.
TR',	tr' ₁ tr',	terre à terre.
VS,	vs ₁ vs,	vis-à-vis.
DJR,	d jr ² jr,	de jour en jour.
DPS,	d ps ² ps,	de pis en pis.
DTMS,	d tms ² tms,	de tems en tems.
etc, etc.		

L'autre mode présente un système d'abréviations *générales*, indéterminées sous ce rapport,
et dont les éléments sont cinq signes abstraits
qui s'appliquent à toutes les désinences selon
la nature des mots considérés sous le rapport
grammatical.

Ces signes généraux sont les voyelles *a*, *e*,
i, *o*, *u* (minuscules), qu'à cet égard on peut
assimiler aux dernières lettres de l'alphabet dont
font usage les mathématiciens pour représenter
les inconnues. Dans notre système, ces voyelles
ne représentent non plus aucune syllabe spé-
cialement, mais bien toutes les finales quelconques d'un mot dont le radical est donné
et chacune de ces lettres indique la nature du
mot qu'on a voulu exprimer (1).

A, le plus haut des sons, et qui, par son rang
alphabétique, est le symbole du principe et de
tout commencement, rappellera l'idée d'un substantif, mot dont la formation a dû précéder
tout autre, lorsqu'un nom a été imposé à tous
les êtres.

(1) Nous devons à **M.** Conen-de-Prépéan, auteur de la *Sténographie exacte*, 3ᵉ. *édition*, *Paris*, 1817, *in-8º.*, le fond
de ce système d'abréviations qu'il a fallu toutefois restreindre
pour en faire l'application à notre méthode.

E qui, chez presque tous les peuples de l'Europe, entre dans la composition du verbe par excellence (puisque seul il peut tenir lieu de tous les autres), du verbe *être*, r'iui, *esse, essere, estar, to, be, ser, sein*, signifiera que tout radical suivi de ce signe devient un verbe.

I, par analogie à la voyelle *e* qu'il remplace dans les dérivés de beaucoup de mots, annoncera le participe-passé de l'infinitif des verbes, *aimé, lu, chéri*, etc.

O, représentera les adjectifs qui, dans plusieurs langues modernes, sont terminés par cette lettre.

Enfin *u*, la dernière des voyelles, fera connaître qu'il est question d'un adverbe.

C'est au moyen de ces signes de convention que, par un procédé facile et intelligible, on pourra du seul radical *raison*, par exemple, former les mots *raisonnement, raisonner, raisonné, raisonnable, et raisonnablement*.

Voici un exemple de l'emploi de ces signes :

Radical .	. *mari* ,	mr·
	mariage ,	mr·a.
	marier ,	mr·e.
	marié ,	mr·i.

mariable ,   mr·o.

maritalement , mr·u.

Cet exemple suffira , parce que nous offriron
bientôt au lecteur le tableau de quelques abré
viations de ce genre qui lui serviront de modèl
pour toutes celles qu'il voudrait exprimer d'aprè
ce mode, général.

Nous devons seulement le prévenir que, pou
n'y pas introduire la confusion , en donnant tro
de latitude à cette faculté d'abréger , il y
dans l'emploi qu'on en voudra faire quelque
règles à observer.

1º. Le radical a toujours nécessairement moin
de lettres que le dérivé ; mais dans beaucou
de mots , on pourra faire abstraction de l'*e* muet
et par ce motifs , cet *e* n'empêche pas un mo
qu'il terminerait de servir de radical à de
mots dont l'*e* muet ne ferait point partie. L
mot *vître* , par exemple , que l'*e* muet termine
mais qu'on écrit brachygraphiquement vtrº
sera à bon droit le radical de *vitrage , vitrier
vitrifier* , et *vitrifiable* , dont les dernières syl
labes , comme on le voit , commencent cepen
dant par d'autres voyelles que l'*e* muet.

2º. Le radical , qui ne peut être qu'un substantif ou un adjectif , doit toujours se présenter

sous sa forme la plus ordinaire et la plus simple, c'est-à-dire au nominatif-singulier. L'adjectif, néanmoins, peut, en certains cas, affecter la terminaison feminine, et servir alors de radical; exemp. : *blanche* (au lieu de *blanc*), d'où l'on dérive naturellement les substatifs *blancheur*, *blanchiment*, le verbe *blanchir*, le participe *blanchi*, l'adjectif *blanchâtre*, et l'adverbe *blanche-ment*.

3°. Enfin c'est un précepte rigoureux que le radical n'ait à souffrir aucune altération en passant à une nouvelle manière d'être, c'est-à-dire qu'à l'exception de l'*e* muet, il ne doit perdre aucune de ses lettres, pour subir les différentes métamorphoses auxquelles on le soumet.

Quand un radical a produit plusieurs dérivés pour une seule colonne, le second sera différencié du premier par l'accent circonflexe sur la voyelle qui fait le titre de cette colonne; exemp.: *sensation* et *sensibilité* découlent l'un et l'autre du radical *sens;* on écrira *sensation* par snsa, et *sensibilité* par snsâ.

Si la même colonne présentait un troisième dérivé, l'*a* de ce troisième mot serait changé en æ.

Les second et troisième mots sont toujours ceux dans la composition desquels il entre un plus grand nombre de lettres que dans le premier; exemp.:

Radical. . . . . four,   fr.

Dérivés. . . . { fournée, 7   fra.
                { fourneau, 8   frâ.
                { fournaise, 9   fræ.

A nombre égal de lettres entre deux codérivés on suivra l'ordre alphabétique.

Pour offrir aux personnes qui adopteraien cette méthode une occasion de s'exercer à l. lecture, nous allons transcrire en écriture abrégé deux petites fables et le commencement du pre mier livre des avantures de **T**élémaque. Nou donnerons en regard le texte de la premièr

IIIᵉ. TABLEAU.

Tableau-modèle de quelques dérivés.

RADICAL.	SUBSTANTIF. a, â, æ.	VERBE e, ê, ë.	PARTICIPE PASSÉ i, î, ï.	ADJECTIF o, ô, œ.	ADVERBE u, û, ü.
·kt, acte	Act *eur*	»	»	— uel	— uellement
	— ion	— ionner	— ionné	»	»
	— ivité	— iver	— ivé	— if	— ivement
·m°, ame	Am *i*	»	»	— ical	— icalement
	— our	»	»	— oureux	--oureusement
	— itié	»	»	»	»
²;.. ah	An *née*	»	»	— nuel	— nuellement
	— nales	»	»	— nal	»
	— niversaire	»	»	— niversaire	»
·rt, art	Art *isan*	»	»	»	»
	— iste	»	»	»	— istement
	— ifice	»	»	»	--ificiellement
b4, bon	Bon *té*	»	»	— asse	— nement
	— ace	»	»	»	»
	— ification	— ifier	— ifié	»	»
brv, brave	Brav *ade*	— er	— é	— ache	»
	— oure	»	»	»	— evement
d4, don	Don *née*	— ner	— né	— neur	»
	— ation	»	»	»	»
	— ataire	»	»	»	»
fj, fin	Fin *age*	— ir	— i	— al	— alement
	— esse	»	»	— aud	— ament
	— asserie	— asser	— assé	— assien	»
fr, four	Four *née*	»	»	»	»
	— neau	»	»	— aliste	»
	— naise	»	»	»	»

grf , gorge	Gorg *ée*	— ée	— é		
	— ère				
	— eret				
grc , grâce	Grac'....	— ier	— ié	— iable	•
	— ieuseté			— ieux	— ieusement
grnd., grand	Grand *at*	•	•	— iose	•
	— eur	— ir	— i	— elet.... ement	
	— esse				
hrb°, herbe	Herb *age*			— eux	•
	— ier				•
	— orisation	— oriser	— orisé	•	•
jr , jour	Jour *nal*	•	•	— naliste	•
	—.née	•	•	•	— nellement
	— nalier	•	•	— nalier	•
jst°, juste	Just *ice*				— ement
	— iciable	— icier	— icié	— ieiable	•
	— ification	— ifier	— ifié	— ificatif	•
mn , mine	Mine *ur*	— er	— é	•	•
	— erai	•	•	•	•
	— éral	— éraliser	— éralisé	— éral	•
	— éralogie	•	•	— éralogique	•
m°, mont	Mont *ée*	— er	— é	— ueux	•
	— agné	•	•	— agneux	•
	— agnard	•	•		•
prt , part	Part *ie*			— iel	— iellement
	— age	— ager	— agé	•	
	— ition	•	•	— itif	•
pt°, pâte	Pât *é*	•	•	— eux	•
	— issier	— isser	— issé	•	•
	— isserie	•	•	•	•
pdnt , pédant	Pédant *erie*	•	•	— esque	— esquement
	— isme	•	•	•	•

prt°, porte	Port *ail*				
	--- ier				
	--- ique				
prt°°, portée	Port *eur*	--- er	--- é	--- able	
	---			--- atif	
pr, pur	Pur *eté*				--- ement
	--- ification	--- ifier	--- ifié		
rs⁴, raison	Raison *neur*	--- ner	--- né	--- nable	--- nablement
	--- nement				
rps, repos	Repos *ée*	--- er	--- é		
	--- oir				
rspkt, respect	....	--- er	--- é	--- able	
	....			--- ueux	--- ueusement
rv, rive	Riv *age*				
	--- ière			--- ulaire	
	--- erain				
rm, rome	Rom *an*			--- anesque	--- esquement
	--- ain				
	--- ance			--- antique	
skr°, sacre	Sacre *ment*	--- er	--- é		
	--- ifice	--- ifier	--- ifié	--- ificatoire	
	--- ilège				--- ilègement
ans, sens	....	....	....	--- é	--- ément
	Sens *ation*			--- itif	
	--- ibilité			--- ible	--- iblement
sn̄, signe	....	--- er	--- é		
	Sign *al*				--- amént
	--- alement	--- aler	--- alé		
	--- ification	--- ifier	--- ifié	--- ificatif	
s⁴, son	Son *neur*	--- ner	--- né	--- nant	
	--- nerie			--- ore	--- orement
	--- nette				

t‡, ton	Ton *ique*	»	»	--- ique	
	--- nère	--- ner	--- né	--- nant	
trst°, triste	Trist *esse*	»	»	»	--- ement
d½, (*)dam	Dam *nation*	--- ner	--- né	--- nable	--- nablement
pl, pel	Pel *letier*	--- er	--- é	---	
	--- lisse				
	--- leterie				
brv, brière	Brièv eté				--- ement
rm⁴, ramon	Ramon *age*	--- er	--- é		
	--- eur				
·s, us	Us *age*	--- er	--- é	--- ager	
	--- ine				
	--- ance		--- ité	--- uel	--- uellement.

(*) Les personnes à qui la langue romane est familière y trouveront des mots qui se-
viront de radicaux à beaucoup de dérivés. Nous en offrons ci-dessus cinq exemples.

fable, afin qu'on puisse juger par comparaison combien ce nouveau procédé ménage le temps et l'espace.

Pour peu que le lecteur se soit pénétré des règles établies dans ce traité, il se trouvera en état de lire, sans beaucoup de peine, à la première vue, les deux derniers morceaux que nous ne traduirons pas ; et certes, il éprouvera quelque plaisir à déchiffrer cette espèce d'énigme que nous osons lui proposer.

L'n.·., y l lp.

L'n.·., plc· dns ·n tr,
Dmnnt l sl d l·pln,
P l· fntr°, vt ^{5} jr
Ps'r l lp : l· bt° ı ln,
Tt° fr° d'tr° ı l'br·,
Prs:t l brgnd d'^{5} grnd kr· ;
·xhl° kntr° l·· s·ͅhn' ;
Mdt ss ·p'tts glt4 ;
L'pstrph ·vk ·s'rnc,
Y l·· dn' ·nf^3 ts ls n$\frac{4}{5}$
Q ls lps ^{2} ct' ·k'r'nc
Pvnt rcv:r ds mt4 .
« Vl·, dt l lp, ds mts grvs !
« J'^{2} s:s ·tn'· d t· prt ;
« Ms c n'st ps t·· q· m brvs,
« Pltr4 ! c n'st q t4 rmprt ! »
ı s'xplqr sns s kntrdr°,
L'n.·. n rsq:t ps bkp ;
Ms q srt d kr:r 6 lp,
Qnd l lp n pt v ·t'ndr° ?

L'agneau et le loup.

L'agneau, placé dans une tour,
Dominant le sol de la plaine,
Par la fenêtre, vit un jour
Passer le loup : la bête à laine,
Toute fière d'être à l'abri,
Poursuit le brigand d'un grand cri ;
Exhale contre lui sa haine ;
Maudit ses appétis gloutons ;
L'apostrophe avec assurance,
Et lui donne enfin tous les noms
Que les loups en cette occurence
Peuvent recevoir des moutons.
« Voilà, dit le loup, des mots graves !
« J'en suis étonné de ta part ;
« Mais ce n'est pas toi qui me braves,
« Poltron ! ce n'est que ton rempart ! »
A s'expliquer sans se contraindre,
L'agneau ne risquait pas beaucoup ;
Mais que sert de crier au loup,
Quand le loup ne peut vous atteindre ?

Par M. François DE NEUFCHATEAU.

L· brbs y l bs'4.

L· brbs q· krn̄:t l· pl:°,
A ɔrɔ· l'br· d· bs'4 ;
·l' s'3 kɔ y s'3 rs':° ;
Ms ·l' 3 ls' s· ts4.
L· mlc, dns ct' ·mſ
Rkn':t pls d'⁵ trbnl :
Thₐm3s a drt ɪ ntr° hm'ſ
Ms q···! l fsk rnd tt vnl.
4 ! l'nvnC sltr°
Q l· jstc ··vk dpns !
V dspſz ⁵ pd d tr',
·l v ² kt° vngt ·rpns.
Qnd ls hm' srnt—·ls sſ ?
Qnd ·cs'rnt—·ls d pldr ?
Qnd l pls snt d lrs ·sſ▸
Sr··-t-·l d s'ntr ·k'rdr ?
Ls'ns l drt ɪ dbl° fc ,
L· px, pxvl· m⁴ gt :
Qlq skrfc q⁴ fs'
L· px ddm'ſ d tt.

Par le méme.

Ls ·vntr° d Télémaque, fls d'Ulysse. Lvr° prmr.

Calypso n pv:t s knslr d l· prt° d'Ulysse. Dns s· dlr, ·l' s trv:t mlhrx d'tr° ·m'rtl'. S· grt° n rsn':t pls d· dx ont d s· vx. Ls nmph q· l· srv·:.nt n's·:.nt l·· prlr ·l' s prmn:t svnt sl sr ls gz4 flr· dnt 5 prntms ·trnl brd:t s4 ·l°. Ms cs b·:.l·.x, l7 d mdrr s· dlr, n fs·:.nt q l·· rp'lr l trst° svnr d' l3s', q'l' 3 ·v:t v· tnt d fs prs d'l'. Svnt ·l' dmr:t ·m'bl° sr l rvf d l· mr, q'l' ·r's:t d ss lrm ; y ·l' ·t:t sns cs' trn· vrs l kt· 8 l vs'·: d'l3s', fndnt ls ·nd°, ·v:t dspr· l ss 3x. Tt l kp ·l' ·p'rc:t ls dbrs d'5 nvr° q· vn:t d fr° nfrf, ds b1 d rmrs ms· 2 pc», ds rm ·krt· c· y l· sr l sbl°, 5 gvrng, 5 mt, ds krdf flt'nt sr l· kt° :· ps ·l' dkvr° d l7 deux hm', dnt l'5 prs':t ·f· ; l'tr° qq pls fn rs'mbl:t l ·l3s'. ·l ·v:t s· dcr y s· frt·, ·vk s· tll y s· dmr3 mfstx. L· Ds' kmprt q c't:t Tlmq, fls d c hrs ; ms qq ls D·:.x srps'nt d l7 2 kn's'nc ts ls hm', ·l n pt dkvrr q· ·t:t ct hm' vnrbl° dnt Tlmq ·t:t ·k'mpn̄·. C'st q ls D·:.x sprrs kont ··x ·nfrrs tt c q'l lr pl:t : y Minerve q· ·k'mpn̄:t Tlmq ss l· fgr° d Mentor, n vl:t ps ·tr° kn'· d Klps·. Cpndnt Klps· s rjs':t d'5 nfrf q· mt':t dns s4 ·l° l fls d'l3s', s·

smblbl° 1 s4 pr°. ·l' s'vnc vrs.l·· y sns fr° smblnt
·d sv:r q· ·l ·st·: d'3 v v:nt, l·· dt–ᶜl', ·ct' tmrt:
d'brdr dns m4 ·l° ? sɔz·, jn ·trnfr q4 n v:nt pnt
·mpnmnt dns m4 ·mpr°. ·l' tɔ:t d kvrr ss ·cs prl°
mncnt l· j:° d s4 k77r q. ·klt·t mlgr· ·l' sr s4 vsf.

Tlmq l·· rpndt : 4 v q· q v s3z, mrtl' 5 Ds'
(qq 1 v v:r 4 n ps' v prndr° q· pr ·n dvnt·)
srz v ·nsnsbl° 6 mlhr d'5 fls, q· ɔrɔnt s4 pr° 1
l· mrc· ds vnts y ds flts, a v· .brsr s4 nvr°
kntr° vs rɔrs ? Ql ·st dnk vtr° pr° q v ɔrɔz, rprt
l· Ds' ? ·l s nm' ·l3s', dt Tlmq. C'st 5 ds r·· q·,
prs 5 sf d dix ·ns, ·nt rnvrs· l· fmx Tr43°. s4 ·
n⅘ ft clbr° dns l· Grc y dns tt° l'1s3°, ·p s·
vlr dns ls kmbt y pls ·nkr° p s· sfs' dns ls
kns9. Mntnnt ·r'nt dns l'tnd·° ds mrs, ·l prkrt
ts ls ·k9 ls pls tr'bl°. S· ptr·° smbl° f:r dvnt
l··. P2n2l4p° s· fm' y m··, q· ss s4 fls, ns ·vns
prd· l'sprnc d l rv:r. J krs ·vk ls mm° dnfr q
l·· pr·p'rndr° 8 ·l ·st. Ms q ds–f ? Pt–·tr° q'l
·st mntnnt ·nsvl· dns ls prfnd ·bm d l· mr. ·3z
pt·· d ns mlhr ; y s· v svz , 4 Ds', ·c q ls
dst3 ·nt f:t pr svr 5 prdr° ·l3s', dn̄z 2 ·nstr:r°
s4 fls Tlmq.

(Ici commencent les abréviations spéciales pages 5o).

Klps· ·tn'· y ·t'ndr· d v:r dns ·n s· vv jns'
tnt d sfs' y d'lqS n pv:t rs'sF ss 3x ᵃ l rgrdnt,
y ·l' dmr:t ² slS. ·nf⁵ ·l' l·· dt : Tlmq , ns v
·p'rndrns c q· ·st ·r'v· ı vtr° pr° , ms l'hstr°
² ·st lng· ·l ·st tms d v dlsK d ts vs trvx. Vnz
dns m·. dmr° , 8 j v rcvr·· km' m4 fls. Vnz ,
v, srz m· knslC dns·cV sltd° , y j fr·· vtr° bnhD
pry· q v so:z ² j.·.r.

Tlmq sv:t l· Ds' ·nvrn'·° d'n fl° d jn nmph
6 *eu* dsql' ·l' s'lv:t d tt° l· T° , km' ⁵ g ɔn
dns ·n frt ·lv ss brnɔ ·ps' 6 *eu* d ts ls ·rbr°
.q· l'·nvrn'nt. ·l ·dmr:t l'klt d s· bG , l· rɔ prpr°
d s· rb° lng y flt'nt , ss ɔvx n.·. p *eie* nglf,B ,
ms ·vk grc ; l f·· q· srl:t d ss 3x , y l· dcD
q· tmpr:t cV vvcG. Mɔnt4r , ls 3x bs'· , grdnt
⁵ slS mdst° , sv:t Tlmq. 4 ·r'v· ı l· prt° d l·
grt° d Klps· , 8 Tlmq ft srprs d v:r ·vk ·n ·p'rnS
d smplc,G rs,H tt c q· p:t ɔrmr ls 3x. ·l ·st
vr·· q4 n'3 v3:t n· ·r, n· ·rfnt, n· mrbr° , n·
kln'ʋ , n· tbl.·.x , n· stt·° : ms cV grt° ·t:t tll·
dns l rk, ² vt°» pln d rkll y d kqll ; ·l' ·t:t tps'·
d'n jn vn̄, q· ·tnd:t ·glB ss brnɔ spl° d ts kG.
Ls dx zphr knsrv.·.nt ² c l.·., mlgr· ls ·rdD d·

slg , ·n dlcx froD. Ds fntn , klnt ·vk 5 dx MR°
sr ds pr· sm· d'mrnth° y d v, V» , frm..nt
2 dvrs l..x ds b6 ··s'· pr y ··s'· klr q l krstl.
Ml' flD ns'nt ·mll..nt ls tps vrds dnt l· grt° ·t:t
·nvrn'· : l· 4 trv:t 5 bs d cs ·rbr° tf· q· prtnt
ds pm' d'r , y dnt l· flD , q· s rnxl' dans tt°» ls
ss4 , rpnd l pls dx d ts ls prf$\frac{5}{6}$. C bs smbl:t
kr,L cs bl' prr·° , y frm:t ·n nt q ls r34 d·
slg n pv.".nt prcr : l· 4 n'ntnd:t jms q l ont ds
··s:·.x , 5 l brt d'5 rs'.·. q· s prcptnt d· h d'5
ror , tmb:t ɪ grs bll4» pl²3 d'km , y s'nf3:t 6
trvrs d l· prr·°.

L· grt° d l· Ds' ·t:t sr l pnont d'n· kl'n ; d l·
4 dkvr:t l· mr , qlqfs klN y ·n·° km' ·n glc ,
qlqfs fl'B ·r't· kntr° ls rors , 8 ·l' s brs:t 2 fms'nt,
y ·lvnt ss vg km' ds mntn̄ : d'5 ··tr° kG ·4 v3:t
·n rvr° 8 s frm..nt ds ·l° brd· d tllg flr· y d h
pplrs q· prt..nt lrs T° sprb° jsqs dns ls n:°.
Ls dvrs knx q· frm..nt ls ·l° , smbl..nt s
j..r dns l· kmpn̄ ; ls 5 rl..nt lrs 7 klN ·vk
rpdt· , d'··tr° ·v..nt ·n 7 psbl° y drmnt : d'··tr°,
p d lngs dtrs , rvn..nt sr lrs ps km' pr rmntr vrs
lr src ; y smbl..nt n pv:r qt'r cs brds ·nonG.
4 ·p'rcv:t d l7 ds kl'n y ds mntn̄ q· s prd..nt
dns ls n:° , y dnt l· fgr⊕ bzr' frm:t 5 hrz4 ɪ sh
pr l plsP ds 3x. Ls mntn̄ vsn ·t..nt kvrt d
pm·pr° vrd q· pnd̄:t 2 fst4 : l rs3 , pls ·klint q l·

prpr , n pv:t ş kɔr· ss ls fll , y l· ʌn̄ ·t:t ·k'bl· ss
s⁴ frt. L fgF , l'·lvF , l grndF , y ts ls ··tr° ·rbr°
kvr.·.nt l· kmpn̄ , y ² fs.·.nt ⁵ g jrd³.

(Ici commencent les abréviations générales ,
page 54).

Klps· ·3nt mntr·· ı Tlmq tt°» cs bG ntr o ,
l·· dt : rpsz–v , vs hbts snt mll· , ·l ·st tms q v
² ɔnſ:z ; *eui* ns ns rvr'ns , y j v rkntr·· ds hstr° dnt
vtr° k77r sr· tɔ· . ² M° tms ·l' l ft ·ntrr ·vk Mntr
dns l l.·.l pls skrt y l pls rkl· d'n grt° vsn d cl'
8 l· Ds' fs:t s· dmr°. Ls nmph ·v.·.nt ₂ s7 d'l'nır
² c l.·. ⁵ g f·· d bs d cdr° , dnt l· bn' ·dD s rpnd:t
d ts kG , y ·l'» 3 ·v.·.nt ls'· ds hbts pr l's nv.·.x
ht°. Tlmq v3nt q⁴ l·· ·v:t dstn· ·n tnH d'n ln
fn , dnt l· blnɔD ·f'c:t cl' d l· nſ , y ·n rb° d prpr°
·vk ·n brdr·° d'r , prt l plsP q· ·st ntr o ı ⁵ jn
hm' , ² knsdrnt cV mn̄ſcS.

Mntr l·· dt d'⁵ t⁴ grv : ·st–c dnk l· , 4 Tlmq ,
ls pns·° q· dvnt ·k'pr l k77r d· fls d'l3s· ? Snſz
pltt ı stnr l· rptC d vtr° pr° , y ı vnkr·° l· frtn
q· v prskt°. ⁵ jn hm' q· ··m ı s prr v6*u* km' ·n
fm' , ·st ·ndn̄ d l· sſ*a* y d l· glr°. L· glr° n'st d·
q'ı ⁵ k77r q· s:t sf'rP l· pn y flr x pds ls plsP.

Tlmq rpndt ² sprnt : Q ls D.·. m fs'nt prP

plstt q d sf'rP q l· m!s' y l· vlpG s'mprnt
m⁴ k₇₇r. N⁴ , l fls d'l3s' n sr· jms vnk· p
orm d'n v·⁰ lɔ y ·f'mn· : ms ql' fvD d· Cl ns
f:t trvr , *ae* ntr⁰ nfrM , cV Ds' 5 cV mrtl' q·
kmbl⁰ d b³²» ?

Krn̄z , rprt Mntr , q'l' n v ·k'R d mx ; krn̄z
trmpr dcD pls q ls ·kɔ q· ·nt brs· vtr⁰ nv̄r⁰.
nfrM y l· mrt sut mns fnst⁰ qls plsPq· ·t'qntl· vrt
grdz–v b d kr:r⁰ c q'l' v rktr· : l· jns' ·st prsmptx
·l' s prmt tt d'l' M⁰ ; qq frʃl⁰ , ·l' kr:t pv:r tt
n'v:r jms r ɪ krndr⁰ : ·l' s knf·⁰ lʃr*u* y sns prkᴄ
Grdz–v d'kJ ls prl⁰ dx y fl,D d Klps· , q·· s gls'r
km'   srpnt ss ls flr : krn̄z c ps⁴·kɔ· ; df:z–v
v M⁰ , y ·t'ndz tjrs ms knsɔ.

Eui ·ls rtrnrnt ··prs d Klps· , q· ls ·t'nd:t. l
nmph ·vk lɪs ɔvx trs'· y ds hbts blnk, srvrnt d'b
⁵ rps smpl⁰ , ms ·xqs pr l gt y l· prpr*a*. ⁴ n
v3:t ··kn ··tr⁰ vnd⁰ q cl' ds ··s.·.x q'l'» ·v·
prs dns ls flts, 5 ds bt⁰ q'l'» ·v.·.nt prc· d l
flɔ ɪ l· ɔs' ; ⁵ v³ pls dx q l nktr kl:t ds g vs
d'rʃnt dns ds ts' d'r krn̄i d flrs. ⁴ ·p'rt· dns ᴐ
krbll ts ls frts q l prntms prmt y q l'·· tmn rpn
sr l· tr'. ² M⁰ tms qtr⁰ jn nmph s mrnt ɪ ɔnJ.

Qnd l rps ft fn· , l· Ds' prt Tlmq y l·· prl
··ns· : v v3z , fls d· g ·l3s' , ·vk ql' fvD j v rc:s
j ss ·m'rtl' ; nl mrtl n p:t ·ntr dns cV ·l⁰ ; su

·tr⁰ pn· d s· tmr,G ; y vtr⁰ nfrM M⁰ n v grntr:t
ps d m⁴ ·ndn̄C, s· dllrs j n v ··m:s. Vtr⁰ pr⁰ a
2 l M⁰ bnhD q v ; ms hls ! ·l n· ps sc· ² prfJ.
J l'·· grd· lngtms dns cV ·l⁰ ; ·l n'a tn· q'i l··
d'3 vvr⁰ ·vk m·· dns ⁵ ·tt ·m'rtl : ms l'vgl⁰ ps'34
d rtrL dns s· msrR ptr·⁰ , l·· ft rjtJ ts cs ·vntſ.
V v3z tt c q'l a prd· pr Ithq q'l n'a p· rv:r. ·l
vlt m qtJ , ·l prtt, y j fs vnſ· p l· tmpt⁰. S⁴ vs'.··.,
ae ·v:r ·t· lngtms l jt ds vnts , ft ·nsvl· dns ls
·nd⁰. Prftz d'⁵ s· trst⁰ ·xmpl⁰ : ae s⁴ nfrM, v
n'vz pls r i ·spW , n· pr l rv:r, n· pr r̄n̄r jms
dns l'·l⁰ d'Ithq ae l·· ; knslz–v d l'v:r prd· ,
psq v trvz ·n dvn,G prt⁰ i v rndr⁰ hrx , y ⁵ r3m
q'l' v ·f'r⁰...

Tlmq q· s't:t d'brd ·bndn'· trp prmptu i l·
j:⁰ d'tr⁰ s· b trt· d Klps· , rkn't ·nf³ s⁴ ·rtfc y l·
sſa ds knsg q Mntr vn:t d l·· d,L : ·l rpndt
² p·· d mts : 4 Ds' , prdn'z i m· dlD , mntnnt
j n p:s q m'f'lſr : pt–·tr⁰ q dns l· st⁰ j'··r··
pls d frc pr gJ l· frtn q v m'frz : ls'z m·· ² c
mB plrr m⁴ pr⁰ , v svz mx qm·· km' ·l mrt⁰
d'tr⁰ plr· .

Klps· n's· d'brd l prsK d'vntM ; ·l' fn̄t M⁰
d'ntrr dns s· dlD , y d s't'ndrP pr ·l3s' : ms pr
mx kn'tr⁰ ls m3² d tɔr l k77r d· jn hm' , ·l'l··
dmnd· k,B ·l ·v:t f:t nfrM , y p ql'» ·vntr⁰ ·l

·t:t sr ss kt⁰. L rct d ms mlhD, dt-·l , sr:t trp
lng. N⁴ , n⁴ , rpndt-·l', ·l m trd⁰ d ls sv:r,
htz-v d m ls rkJ ; ·l' l prs'· lngtms. ·nf³ ·l n
pt l·· rssJ, y ·l prl· ··ns· .

FIN.

NOTES.

NOTE PREMIÈRE.

On a changé *a* en *e*, *mare*, mer ; *talis*, tel : en *i*, *cerasum*, cerise : en *ai*, *lanæ*, laine : en *o*, *damna*, dommage : en *ei*, *venæ*, veine.

E en *a*, *remus*, rame : en *i*, *ceræ*, cire : en *ie*, *pedis*, pied : en *am*, *repere*, ramper : en *oi*, *telæ*, toile.

I en *a*, *linguæ*, langue : en *e*, *litteræ*, lettre : en *ei*, *consilium*, conseil : en *ie*, *virgo*, vierge : en *oi*, *pili*, poil.

U en *o*, *umbræ*, ombre : en *oi*, *nux*, noix : en *ui*, *fructûs*, fruit, autrefois fruict.

NOTE DEUXIÈME.

1°. Nous représentons les sons ci-après par deux combinaisons différentes :

E par *e* et *ai*, gémir, j'ai.

EU par *eu* et *œu*, europe, œuvre.

OU par *ou*, et *aou*, sous, saoul.

OUA par *oua* et *ua*, ouater, équateur.

2°. Ceux-ci par trois :

I par *i*, *y*, *ui*, hiver, hydre, vuide.

O par *o*, *au*, *ao*, obéir, aubaine, aoriste.

On par *on*, *om*, *aon*, donjon, pronom, taon.

U par *u*, *eu*, *uë*, vertu, il a eu, ciguë.

Un par *un*, *um*, *eûn*, aucun, parfum, à jeûn.

IAN par *ian*, *ien*, *yen*, confiance, conscience, Mayence.

IO par *io*, *iau*, *yau*, fiole, miauler, boyau.

3°. Enfin, nous peignons par quatre assemblages divers :

AI des mots naître, connaître, neiger, bey.

Et par sept le son nazal *IN* des mots qui suivent : singe, simple, symbole, sain, essaim, sein, payen.

NOTE TROISIÈME.

L'insuffisance et l'imperfection de l'alphabet français sont si généralement reconnues, que plusieurs grammairiens savans (1) ont tenté à différentes époques d'y suppléer ou de le rectifier.

C.

Le c français a deux sons bien distincts, l'un dur et guttural, comme dans les mots de la première colonne ci-dessous, l'autre doux et sifflant comme dans ceux de la seconde :

cadre...........	cèdre.
caisse...........	cesse.
curé...........	ciré.
courage........	cirage.
coco...........	ceci.
curial...........	céréal.

L'emploi d'une seule consonne pour l'expression de deux sons aussi dissemblables, caractérisés d'ailleurs par d'autres lettres (1°. *gu*, et *ch*; 2°. *s* et *ss*), n'est certainement pas sans inconvient ; assez souvent en effet cette consonne *c* figure deux fois dans le même mot et n'y fait pas entendre le même son ; exemple : *cancer, cicatrice, cocyte, complice, concierge,* etc. Souvent encore deux lettres différentes servent à représenter le même son ; 1°. *caustique, chrysocolle, cliquetis, compliquer, coque, cacique.* — 2°. *ce* et *se* ; *cire* et *sire* ; *cellier* et *sellier* ; *coint* et *scing* ; *cène* et *scène* ; *cens* et *sens* ; *sincère, censeur, silencieux.*

(1) Entr'autre le P. Buffier, l'abbé Dangeaau, Dumarsais Duclos, Boindin.

Une telle complication de valeurs dans un même signe ne peut qu'apporter beaucoup d'entraves à la lecture.

CH.

Cette combinaison de lettres sert à peindre dans un grand nombre de nos syllabes un son deux et chuintant que d'autres peuples caractérisent par *sc*, *sh*, *sch*, et dont les mots *chou*, *chercher*, *chiche*, offrent chez nous un exemple. Dans quelques autres mots, cependant les deux lettres *ch* affectent un son dur et guttural fort semblable à celui du *K* ou du *Q* ; les premières syllabes de *chaldéen*, *chœur*, *chrême*, *chélidoine*, *chirographe* se prononcent à peu près comme celles des mots *calcul*, *cœur*, *crême*, *quelconque*, *quittance*.

G.

Nos remarques critiques sur la consonne *C* sont en grande partie applicables au *G* dont on a fait aussi l'expression de deux sons bien différents. L'un doux et chuintant, ressemble au son du *J* dans les mots *gerbe*, *gemme*, *gésier*, *gîte* ; l'autre plus sonore est l'analogue faible des gutturales *K* ou *Q* et se fait entendre dans les mots *garbe*, *gomme*, *gosier*, *gâte*. Le signe *ſ*, par lequel nous représentons le son doux de cette consonne rappelle analogiquement à l'esprit celui du *J* dont elle est le similaire.

A ce moyen on ne peindra plus un seul et même son par deux signes tout-à-fait dissemblables, comme on le voit dans les mots *juge*, *préjugé* ; et en conservant au *g* sa forme actuelle lorsqu'il a le son guttural des mots *gaze*, *gomme-gutte*, l'emploi combiné des deux lettres *g* et *ſ* permettra de rendre sans équivoque les sons tout différents que la consonne *g* fait entendre dans les mots *gage*, *gageure*, *gaspillage*, *gigantesque*, *gorger*, *gigot*, etc.

T.

On prononce cette consonne tout différemment dans les mots qui suivent quoique formés des mêmes lettres :

nous affections,	*les affections.*
nous exceptions,	*les exceptions.*
nous objections ,	*les objections.*
nous portions ,	*nos portions.*

La Brachygraphie ne peut admettre un tel ordre de choses ; la régularité du nouveau système de lecture nous obligeait de substituer un signe particulier au *T* lorsqu'il a le son du *S* dur, comme dans les mots *objections, privation, soustraction.* Ce mode d'expression permettra de distinguer les mots terminés en *tion* dans lesquels le *T* conserve le son dental qui lui est naturel comme dans les mots *nous affections, bastion, questions, mixtion,* etc.

NOTE QUATRIÈME.

Dans la langue anglaise *good,* signifie également bon et bonne, bons et bonnes ; les anglais disent :

a handsome man ,	un bel homme.
a handsome woman ,	une belle femme.
handsome men ,	de beaux hommes.
handsome women ,	de belles femmes.
a tall man ,	un grand homme.
a tall woman ,	une grande femme.

FIN DE LA BRACHYGRAPHIE.

ERRATA.

<table>
<tr><td>Pages.</td><td>Lignes.</td><td></td><td>Lisez.</td></tr>
<tr><td>19.</td><td>dernière.</td><td>qui va suivre.</td><td>ci-contre.</td></tr>
<tr><td>25.</td><td>14.</td><td>Grf'°, grp'°, rbl'°.</td><td>grf', grp', rbl'.</td></tr>
<tr><td>29.</td><td>10.</td><td>le i (ſ renversé).</td><td>le ſ (j renversé).</td></tr>
<tr><td>29.</td><td>15.</td><td>q servira plus.</td><td>g ne servira plus.</td></tr>
<tr><td>30.</td><td>2.</td><td>bgnd.</td><td>bgndr.</td></tr>
<tr><td>30.</td><td>5.</td><td>ainsi n</td><td>ainsi n̄.</td></tr>
<tr><td>30.</td><td>8.</td><td>mntnrd, g͡nr, dn.</td><td>mntn̄rd, gūr, dū.</td></tr>
<tr><td>39.</td><td>avant-dernière.</td><td>fng.</td><td>fng.</td></tr>
<tr><td>41.</td><td>1 et 2.</td><td>Plaintive tourterelle.</td><td>plaintives tourterelles.</td></tr>
<tr><td>44.</td><td>2.</td><td>celui-ci.</td><td>ceux-ci.</td></tr>
<tr><td>44.</td><td>14.</td><td>chanter.</td><td>chantre.</td></tr>
<tr><td>52.</td><td>17.</td><td>'r, 'r³², rien.</td><td>r, r³², rien.</td></tr>
<tr><td>55.</td><td>4.</td><td>être, r'iui, esse.</td><td>être eimi, esse.</td></tr>
</table>

www.ingramcontent.com/pod-product-compliance
Lightning Source LLC
LaVergne TN
LVHW020212030726
842520LV00003B/1026